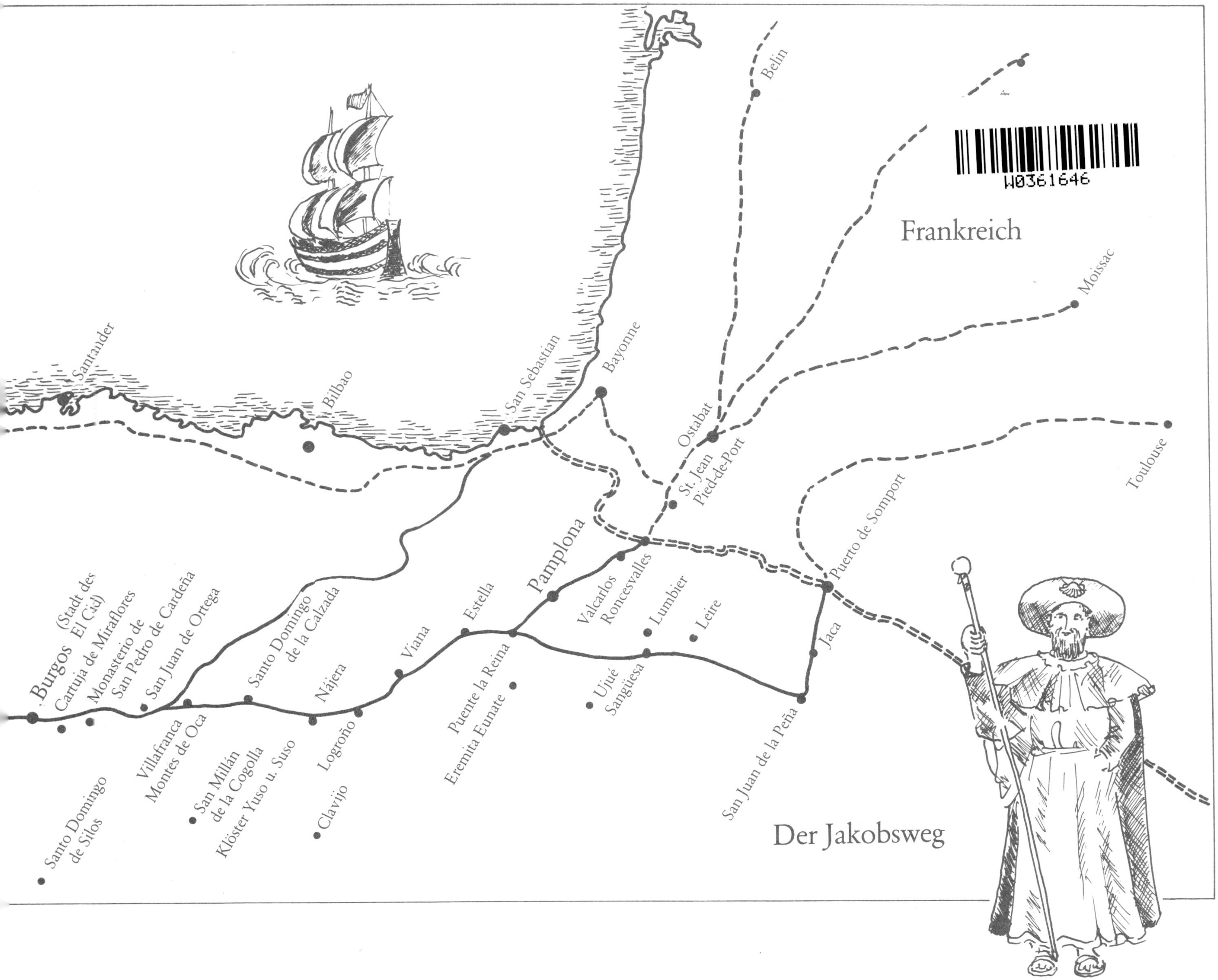




Wegstrecke (787 km von Roncesvalles bis Santiago)

Anreisewege durch Frankreich und andere Strecken durch Spanien

Lizenzausgabe für die Mitglieder der

HBG
Herder-
Buchgemeinde

SVB
Schweizer
Volks-Buchgemeinde

Kaufmann/Lechner

# Der Weg der grossen Sehnsucht

Santiago de Compostela

Hans-Günther Kaufmann/Odilo Lechner OSB

# Der Weg der grossen Sehnsucht

## Santiago de Compostela

Delphin Verlag

Hans-Günther Kaufmann fotografiert mit Leica auf Agfa-Material.


Umschlaggestaltung: Christa Manner, München.
Umschlagfoto: Hans-Günther Kaufmann.
Die Vorsatzkarte zeichnete Sylvia Kaufmann.
Reproduktionen: Brennerstudio, München.
Satz: Josef Fink GmbH, München.
Druck und Bindung: Mohndruck, Gütersloh.
Printed in Germany · ISBN 3.7735.5289.0

# *Vorwort*

Solange ich lebe, verspüre ich Sehnsucht – ein Verlangen, das ich mit erfüllten Wünschen befriedigen wollte. Wenn ein Wunsch in Erfüllung geht, mag er von außen oder von innen kommen, ist das befriedigend. Dieser Frieden aber ist nur von kurzer Dauer. Sehnsucht bleibt.
Ich sehne mich nach einem vollkommenen Ja, nach der Liebe, die nicht ermüdet, nach Geborgenheit, nach Ewigkeit. Ich glaube, es ist meine Sehnsucht nach Gott: also alles, was ich mir selbst nicht geben kann. Ich werde dankbar für alle erfüllten Wünsche, mehr noch aber für diese bleibende Sehnsucht, die immer größere Sehnsucht weckt.
So bin ich auf dem Weg, dem Weg, der auf Hoffnung gebaut ist.
Sehnsucht treibt den Menschen, damals und heute. Sehnsucht im Wandel der Zeit? Der Pilger gab alles auf, riskierte alles, denn sein Ziel bedeutete ihm alles, mehr als diese Welt ihm zu geben vermochte.
Was aber hat Santiago de Compostela, dieser mittelalterliche Pilgerweg mit meiner Sehnsucht, einer Sehnsucht im zwanzigsten Jahrhundert zu tun?
»Mittelalterlich« . . . mit diesem Begriff verbindet der moderne Mensch oft das Unmoderne, Überholte, Finstere, Unaufgeklärte. Auf dem CAMINO, dem Weg, entdeckte ich aber Bauwerke, Kunstschätze, die den Baumeistern des Mittelalters großen Geist und große Kraft bezeugen. Und da ist etwas geblieben, uns über Jahrhunderte übergeben.
Welche Werke, welche Botschaft unserer Zeit wird Jahrhunderte überdauern?
Wenn ich mir vorstelle, mit »wiewenig« der Mensch des Mittelalters auskam, wie unsagbar mühevoll der weite Weg nach Santiago war, berührt mich eine fast unheimlich wirkende Kraft und Mut.
Es ist wohl die Kraft, die aus dem Geist, aus dem Glauben kommt. Diese Kraft, die durch das »Zuviel« unserer Zeit gebrochen scheint. Drängt uns unsere Sehnsucht heute wirklich nur noch nach Sonne, Ferien und Zerstreuung? Erhalten wir Antwort durch Bequemlichkeit, gutes Essen und Trinken? Erhellt diese Sonne auch unsere Herzen?
Mir wird wichtig, zu erfahren, wonach sehne ich mich eigentlich? Ein Geheimnis, das Wohlstand und Bequemlichkeit nicht preisgeben. Wir müssen uns auf den Weg machen, um die Höhen und Tiefen unseres inneren Ichs zu entdecken.
So führte auch mich der Weg nach Santiago zur Selbsterkenntnis und war Anfang eines neuen Weges. Auch wenn die wilden Tiere, der dichte Urwald, die tückischen Gefahren nicht mehr sind, konnte ich doch viel von der Kraft des Mittelalters aufspüren. Oft erlebte ich dabei, wie meine Seele so richtig frei durchatmen konnte.

# *Inhalt*

# AUFBRUCH

*In der Weite des Himmels ahne ich die Unendlichkeit und hoffe, daß mein Weg hier nicht auf sich begrenzt bleibt.*

*Es gehört auch heute noch viel Mut dazu, das sichere Land zu verlassen und sich in die Fremde, in die Ungewißheit zu begeben. Gehört aber nicht noch mehr Mut dazu, glauben zu können, daß hinter allem ein Allmächtiger steht?*

*In meinem beruflichen Leben stehe ich unter Zeitnot, im Zwang, die Zeit voll zu nutzen. So verbleibt mir oft wenig Zeit – wenig Zeit von meiner Lebenszeit. Vielleicht entdecke ich in der Kargheit der Landschaft den Wert der Zeit und damit den Wert des Lebens besser als im hektischen Gedränge unserer so lauten Welt.*

# *Der Mensch auf dem Weg*

Was verlockt den Menschen, sich immer wieder auf den Weg zu machen? Nicht nur auf die notwendigen Wege der Suche nach Nahrung oder einem schützenden Haus oder einem helfenden Menschen oder auch nach einem großen Schatz?
Wir blicken als Kinder zum Horizont und fragen, was hinter den fernen Wäldern oder Bergen liegt, sehnen uns danach, jenen Streifen zu betreten, wo Himmel und Erde einander berühren. Wir lernen mit der Zeit, daß es immer wieder weitergeht, daß sich die Grenzen verschieben, daß der Mensch immer weiter über seine Grenzen hinausschreitet, daß er ein Wanderer ist seinem Wesen nach.
Aber dies ist auch eine zutiefst unbefriedigt lassende Erfahrung, daß wir so viele Wege gehen, hin und her, und doch an kein Ziel kommen, daß die Menschen als Vertriebene und Verfolgte über die Erde wandern oder von der eigenen Unruhe von Ort zu Ort gehetzt werden, daß sie nirgendwo ganz zuhause und zufrieden sind. Da werden wir der vielen Wege überdrüssig.
Mittelalterliche Erfahrung hat Hans Thoma in die bekannten Verse zusammengefaßt:

Ich komm', und weiß nit woher,
ich bin und weiß nit wer,
ich leb', weiß nit wie lang,
ich sterb' und weiß nit wann,
ich fahr', weiß nicht wohin:
Mich wundert's, daß ich fröhlich bin.
Da mir mein Sein so unbekannt
geb' ich es ganz in Gottes Hand, –
die führt es wohl, so her wie hin:
Mich wundert's, wenn ich noch traurig bin.

Der Mensch, der aus innerem Antrieb sich immer wieder auf den Weg macht, der einer unendlichen Sehnsucht folgt, kann nur im glaubenden Vertrauen erfahren, daß seine Wege Sinn haben, daß seine Sehnsucht ihn nicht irreleitet, daß er ihr trauen kann. Der Seelenforscher C. G. Jung berichtet von seiner Beobachtung, »daß ein zielgerichtetes Leben im allgemeinen ein besseres, reicheres, gesünderes ist als ein zielloses, und daß es besser ist, mit der Zeit vorwärts als gegen die Zeit rückwärts zu gehen. Dem Seelenarzt erscheint der Alte, der sich vom Leben nicht trennen kann, ebenso schwächlich und krankhaft wie der Junge, der es nicht aufzubauen vermag«. So müsse also ein gesundes Leben eine Zielrichtung haben, eine Zielrichtung, in die auch der Tod einbegriffen sei.
Der Glaube richtet sich gerade darauf, daß trotz aller Unsicherheit und Dunkelheit unser Lebensweg ein Ziel hat. Es geht darum, sich vertrauensvoll auf den Weg zu machen, auf dem wir von geheimer Hand geführt werden.
Einübung in solches Vertrauen, in die Gewißheit, daß unser Weg ein Ziel hat, ist seit alters die Wallfahrt. Ein bestimmter Ort, ein Heiligtum, ist das Ziel des Weges. Wie Jesus mit erschreckender Entschiedenheit den Wallfahrtsweg hinauf nach Jerusalem seinen Jüngern vorangeht, so darf sich auch der Pilger nicht ablenken lassen von seinem Ziel. Wir modernen Menschen sind dagegen geneigt, hierhin und dorthin zu streifen, etwa mitzunehmen, was sonst noch an Sehenswürdigkeiten und Attraktivitäten auf modernen Tourismusprospekten im Umland angeboten ist. Das Heil ist das eine Ziel, der Wallfahrtsweg Sinnbild eines lebenslangen Suchens.
Das Mittelalter kannte drei große Wallfahrten: die Fahrt ins Heilige Land, an die Stätten des Wirkens und Sterbens unseres Herrn, die Fahrt nach Rom, der Heiligen Stadt mit den Gräbern von Petrus und Paulus, und schließlich die bedeutungsvollste und merkwürdigste: den Pilgerweg nach Santiago de Compostela, wo zu Anfang des 9. Jahrhunderts die Gebeine des hl. Apostels Jakobus d. Ä. aufgefunden wurden. *O. L.*

Links: Pyrenäenpaß Valcarlos. Oben: Haus am Paß.

*Die Pyrenäen, dahinter liegt Spanien, Sonne, Strände, Urlaubsziele. Die Paßstraße von Valcarlos ist eine angenehme Abwechslung nach der monotonen Autobahn, die den Touristen schnell in das Land seiner Sehnsucht führt. Dem Jakobspilger des Mittelalters zeigte sich das Gebirge noch schwer bezwingbar. Auf ungesichterten Pfaden, durch dichte Wälder, bedroht von wilden Tieren, der Naturgewalt ausgesetzt, ging er seinen Weg, den Weg seiner großen Sehnsucht.*

Ein Wallfahrer des 20. Jahrhunderts auf dem Weg zur »Virgen de Ujué« (zur Jungfrau Maria von Ujué) in Navarra.

Der Weg hinab nach Roncesvalles.

Wald von Roncesvalles.

*Die Rolandssage, Erinnerungen meiner Kindheit werden lebendig: die Welt der Ritter, der Helden, wie ich sie träumte.*
*Hier wurzelt aber geschichtliche Wirklichkeit. Roland, der die Nachhut Karls des Großen führt, gerät in einen Hinterhalt und stirbt für seinen Glauben.*

Pilgerkreuz am Weg zwischen Roncesvalles und Burguete.

*Hier beugten sie die Knie, umarmten das Kreuz, dankten inbrünstig ihrem Herrn und Gott.*
*Etwas läßt mich nicht los . . . Soll ich hinknieen und beten? Ich tue es nicht. Gleich hinter dem Kreuz ist die Hauptstraße – ich geniere mich vor den Vorbeifahrenden. Wie gehemmt ich doch bin, nach meiner Sehnsucht zu greifen.*

*Abseits der Straße, wo das Ohr den Gesang der Vögel wieder wahrnimmt, das Rauschen des Windes hört, tue ich, wozu ich Lust habe.*
*Ich strecke meine Arme in den Himmel, den Wolken entgegen. Ich möchte alle Weite, die ich sehe und wonach ich mich sehne, tief einatmen.*

Links: Foz de Lumbier. Alte Pilgerbrücke, deren Bogen zusammengebrochen sind.

Rechts: Die weite Landschaft Navarras.

*Wir freuen uns, heute der Enge der Großstadt entfliehen zu können, um für einige Stunden in der weiten Natur frei atmen zu können.*
*Anders erging es den Pilgern früher, wenn ihnen nach Tagen mühsamer Wanderung endlich Geborgenheit und ein warmes Essen, Brot für Leib und Seele, geboten wurde.*

Einsiedelei bei Sangüesa.

Die heutige Benediktiner-Abtei San Salvador de Leire. Die romanische Kirche und Krypta werden 848 erstmals erwähnt. Anfang des 11. Jahrhunderts erklärte Sancho der Große, König von Navarra, das Kloster San Salvador de Leire zum Mittelpunkt, zum Herzen seines Reiches.

# *Der große Pilgerweg*

Oft suche ich die Wege,
die ich gegangen bin,
die alten Wanderwege,
die Straßen und die Stege,
und gehe sie noch einmal
in meinem Sinn.

Das schrieb 1945 im Kriegsgefangenenlager der Schriftsteller und Pressezeichner Fritz Grasshoff. Alte, vertraute Wege stärkten ihn in schwerer Zeit.
Manchmal macht es mich traurig, wenn ich in eine mir von Jugend vertraute Gegend komme und erfahre, daß die alten Wege nicht mehr da sind: Wege am Stadtrand sind großen Häuserblöcken gewichen, Wiesenwege sind der Flurbereinigung zum Opfer gefallen, Steige im Gebirge sind verfallen, etwa weil eine Bergbahn in der Nähe sie überflüssig gemacht hat. Aber wie trostreich, wenn ich Biegungen und Steigungen, Haus und Baum am Wegrand wiedererkenne und spüre: der alte Weg trägt.
Auch bei allen inneren Wegen des Menschen ist es so: da sind Wege geistigen Fortschritts oder menschlicher Gesittung, die einst anerkannt und vielgerühmt waren, heute aber nicht mehr begehbar sind. Die gesellschaftlichen und kulturellen Veränderungen haben sie überflüssig gemacht oder verstellt. Aber da gibt es auch Wege, Einsichten von Philosophen, Erfahrungen menschlichen Zusammenlebens, Übungen des Betens und der Meditation, Beispiele von großen Menschen – die erweisen sich als gangbar, als sicher, als zielführend wie eh und je.
Am Camino de Santiago, am Pilgerweg zum hl. Jakobus, wird es deutlich: das ist ein uralter Weg, von dem Stücke noch erhalten sind, Erinnerungszeichen, die neu entdeckt werden können. Wie bei einem Weg kann ich es versuchen, ob er noch trägt, ob er weiterführt, ob er den Blick freigibt zu einem lohnenden Ziel.
Bei allem, was das neugierige Auge des Touristen interessant findet, was das Auge des Kunstliebhabers begeistern mag, entscheidend ist, ob der große Weg, den ich dabei gehe, mir neu zu einem Weg wird, der zu einem Ziel führt, Symbol meines Lebensweges wird.

Das rätselvolle Südportal der romanischen Kirche Santa Maria la Real in Sangüesa: Himmel und Hölle, Fabelwesen, Dunkles und Mystisches werden an der Fassade sichtbar.

Pilger bei einer Prozession in Ujué.

Im letzten bleibt es ein Rätsel, wie dieses Pilgerziel im Nordwesten Spaniens das ganze Mittelalter hindurch und bis in unsere Tage so viele Pilger anziehen konnte. Gewiß wird im 9. Jahrhundert, da die Gebeine des hl. Jakobus gefunden wurden, dieser in Spanien als Landespatron verehrt und gewinnt zunehmend an Bedeutung, da sich die Könige von Asturien – León – Kastilien und von Aragonien im erbitterten Abwehrkampf gegen den anstürmenden Islam und dann im Versuch der Rückeroberung ganz Spaniens befinden. Aber Santiagos Ruf drang erstaunlich schnell über die Pyrenäen nach Frankreich und weiter nach Deutschland, England, Polen, in die Skandinavischen Länder und bis nach Rußland.
So wird im deutschen Sprachgebiet Jakobus bald sehr verehrt. Vor allem im 10. Jahrhundert entstehen gerade in der Alpengegend viele Jakobskirchen, Hinweis sicher auch auf manche frühe Pilgerherberge. Die Jakobskirche bei der königlichen Pfalz Roding wird 896 von Kaiser Arnulf mit einer Jakobsreliquie ausgestattet. Pilgerwege führten durch Frankreich aus Skandinavien und England herleitend über Chartres, Tours, Bordeaux nach Roncesvalles. Ein großer Strom deutscher Pilger kam von Aachen über Vézelay und Bourges dorthin, die Süddeutschen kamen von Einsiedeln her über Cluny und Moissac. Ebenso gibt es den Weg von Arles her über Toulouse weiter östlich über die Pyrenäen und dann natürlich

auch den Weg übers Mittelmeer und herauf von Barcelona und Saragossa. Sie alle münden ein in den königlichen Weg von Pamplona über Burgos nach León und Compostela.

Papst Calixt II. hatte das Recht eines Heilgen Jahres verliehen für die Jahre, in denen der Jakobustag (25. Juli) auf einen Sonntag fiel. Die Bischöfe von Compostela nannten sich Bischöfe des Apostolischen Stuhles. Der hl. Bonaventura verkündete eine allgemeine Meinung, wenn er sagte: das Grab des Apostels Jakobus ist das glorreichste unter den Gräbern der Heiligen aller Nationen. Jakobus wurde der Patron für die Ritter und die Pilger. So kamen Reiche und Arme, Fürsten und Heilige. Unter den Heiligen seien Albert und Franz genannt und Birgitta von Schweden. Die hl. Mathilde, Witwe Kaiser Heinrichs V., brachte aus Compostela Reliquien des hl. Jakobus nach Deutschland. Für die französischen Pilger waren die vielen Klosterherbergen der Cluniazenser wichtig, später sind vor allem die Franziskaner eifrige Förderer der Jakobuswallfahrt. Als der Gründer Münchens, Heinrich der Löwe, von Friedrich Barbarossa als Herzog von Bayern und Sachsen abgesetzt wurde, pilgerte er 1162 von Rouen aus nach Santiago.

Vielfältige Zeugnisse einer europäischen Pilgerschaft, vielfältige Erinnerungen aus der Geschichte begegnen uns auf diesem Weg. Vielleicht ist es gut, einfach zu erkunden, welche Kraft einem solchen Weg innewohnt. Vielleicht ist es gut, in der Hochgemutheit und in der Bedrängnis längst vergangener Generationen das zu entdecken, was auch uns heute betrifft.

In der Bayerischen Staatsbibliothek befindet sich aus dem 15. Jahrhundert ein Lied, das in 25 Strophen die Pilgerreise nach St. Jakob beschreibt.

Die ersten Strophen sprechen von der äußeren und inneren Zurüstung, die auch uns noch nützlich sein mag.

Wer daz elend bauen wil
(Wer in die Fremde gehen will)
der heb sich auf und sei mein gesel
wol auf sant Jacobs straßen
zwei par schuech der darf er wol
ein schüssel bei der flaschen

Ein breiten Hut den sol er han
und an mantel sol er nit gan
mit leder wol besetzet
es schnei oder regn oder wehe der wint
daz in die luft nicht netzet

Sack und stab ist auch darbei
er lug daz er gebeichtet sei
gebeichtet und gebüßet
kumpt er in die welschen lant
er findt kein teutschen priester *O. L.*

Die Pilgerbrücke in Puente la Reina. Über den Arga spannt sich die mächtige Brücke, die von Doña Mayor, der Frau Sanchos des Großen, für die Pilger gestiftet wurde. Hier liefen die großen Pilgerstraßen von Roncesvalles, Somport und Barcelona zusammen. In einem nahegelegenen Hospiz wurden die Pilger besonders herzlich aufgenommen.

*Einsam steht diese Kirche hier. Sie ist aber zu schön, zu vollkommen, um nur zufällig hier zu stehen. Liegt das Geheimnis im verwitterten Stein? Auf was, wohin, zeigt der Ritter im Bild oben? Wohin sollen wir gehen?*

Santa Maria de Eunate. Die Geschichte dieser romanischen Kapelle liegt im dunklen. Ist sie als Nachbildung der Grabeskirche in Jerusalem gebaut worden, oder diente sie nur als kleine Totenkirche an der Pilgerstraße nach Santiago de Compostela?

*Hinsetzen, still werden, schauen und hören . . . Eine Schafherde und ihr Hirte sind eingetaucht in das goldene Licht der untergehenden Sonne. Wir erkennen im Wandel des Lichts die Schönheit des Augenblicks, jede Sekunde ist anders . . .*

*. . . auch in unserem Leben. Bald ist es Nacht, bald wird die Sonne wieder aufgehen . . . immer einmalig.*

Straße bei Estella.

*Weit wird die Landschaft, in der auch ich mich öffnen kann. Alles wird offenbar, bereit, das Geheimnis unserer Sehnsucht zu erkennen.*

Blick von der alten Wehrmauer in Viana.

Grabplatte des Cesare Borgia vor der Kirche Santa Maria in Viana.

Menschenwege über die Erde – der Pilger und sein Gegenbild, der Abenteurer. Vor der Kirche S. Maria in Viana finden wir eine Grabplatte mit einem Namen, der uns hier überrascht: Cesare Borgia. Der Name hat nichts mit den frommen Pilgerzügen des Mittelalters zu tun. Er ist die Verkörperung skrupelloser Machtgier und Sittenlosigkeit der Renaissance. Die Familie Borgia ist Anfang des 15. Jahrhunderts aus der Gegend von Valencia nach Italien gezogen und erlangt in Rom Aufstieg und Ruhm. Cesares Vater, Neffe von Papst Calixtus III., kommt 1492 als Alexander VI. auf den Papstthron. Cesare wird 1493 Erzbischof von Valencia und Kardinal. Als sein Bruder Giovanni, der große Teile des Kirchenstaates als erbliches Herzogtum erhalten hatte, wahrscheinlich durch ihn starb, legt er die Kardinalswürde ab und beginnt, sich immer mehr Territorien in Italien anzueignen. 1500 ermordet er den Gatten seiner ihm eng verbundenen Schwester Lucrezia, die später in Ferrara den großen Kreis von Gelehrten und Dichtern um sich schart. Cesare aber wird nach dem Tod Alexander VI. 1503 verhaftet und in Spanien gefangen gehalten. Ihm gelingt eine abenteuerliche Flucht. Als Feldhauptmann der navarresischen Truppen bemächtigt er sich Vianas und unterliegt in einem wütenden Kampf mit dem rebellischen Kommandanten der Burg. Aus der fürstlichen Gruft auf der Evangelienseite des Altars wird er später herausgerissen und an den Kirchenstufen verscharrt. Nichts ist von dem nur 32jährigen Leben voller Lust und Macht, voller Kämpfe und Abenteuer geblieben. Die Schritte der Pilger gehen nun über die sterblichen Reste hinweg. Die irdische Macht, auch alle Macht der irdischen Kirche vergeht und versinkt, der Zug zur Ewigkeit bleibt. *O. L.*

Das Renaissanceportal der Kirche Santa Maria in Viana.

Oben: Reliquiar in der Kirche Santa Maria in Viana.
Rechts: Chorgestühl in der Kirche des Klosters Santa Maria la Real de Nájera. Eine der schönsten hochgotischen Kirchen auf dem Weg nach Santiago de Compostela.

Was bleibt vom Menschen? Was auf seine eigene Macht gebaut ist, was Fleisch ist, vergeht und zerfällt. In den Reliquien, den Überresten der Heiligen, wird uns ein Zeichen für das vor Augen gestellt, was am Menschen unvergänglich ist. Der Heilige war gewöhnlich in seinem irdischen Leben ohne Macht und Ansehen, mißachtet und verfolgt. Und doch wirkt gerade er weiter in der Geschichte, im Gedenken der Menschen, er wirkt vor allem weiter, weil er im Leben ist, in der ewigen Kraft Gottes. Dessen sind wir uns bei den Heiligen gewiß.
Diese Kraft läßt Leben und Wirken nicht verloren sein, sondern stellt es vielfältig hinein in die weitere Geschichte. Die Reliquie aber macht sichtbar, daß es irdische Wirklichkeit ist, in der der unsichtbare Geist wirkt, Gestalt gewinnt wie einst im Leben dieser Menschen, so heute unter uns, wenn wir an das glauben, wovon sie lebten. *O. L.*

San Millán de Suso. Die ehemalige Einsiedelei im mozarabischen Stil gehörte zur Abtei San Millán de la Cogolla. Links im Bild einige der sieben Sarkophage, in denen die ermordeten Infanten von Lara beigesetzt wurden. Dem Kloster war früher ein Hospiz für Arme und Pilger angeschlossen.

Oben: Grabmal mit der Liegefigur des hl. Millán in der Felsenkapelle des Klosters Millán de Suso.
Rechts: Die Gebeine von Pilgern, die auf dem beschwerlichen Weg zum Kloster gestorben sind, wurden später in Felsnischen beigesetzt.

Ins sechste Jahrhundert reicht San Millán zurück. Auf waldigen Pfaden kommt man zu dem einsamen Heiligtum, das kurz nach dem Tod des Einsiedlers im Jahr 574 entstanden war. Zu seiner Höhle waren die Menschen um Trost und Rat gekommen, an seinem Grab entstand das westgotische Heiligtum. Auch wenn sein Leichnam später in das Kloster drunten, nach Yuso kam, ließ man zu seiner Erinnerung im 12. Jahrhundert eine Tumba meißeln, die an ihn erinnert. Am Ort des Heiligen finden wir in den Felsnischen die Gebeine vieler Unbekannter, von Menschen, die sich in seinem Umkreis aufhalten wollten, von Pilgern, die hier auf dem Weg erlagen. Auch der Namenlose, der scheinbar Vergessene hat teil an Glanz und Lebendigkeit des Heiligen über die Zeiten hinweg. Denn auch er ist erkannt, geliebt, zum Leben gerufen von dem, dessen Gnade diesen Heiligen erwählte. *O. L.*

Die Burg von Clavijo.

Hochrelief am Hauptportal des ehemaligen Hospizes und Klosters San Marcos in León. Heute dient das Gebäude als Nobelhotel. Das Relief zeigt den hl. Jakobus beim Eingreifen in die Schlacht von Clavijo.

Seit 844, der legendären Schlacht von Clavijo, wird Santiago (der Apostel Jakobus) Matamorus, Maurentöter genannt. Die Legende sagt, der Heilige habe hoch zu Roß, das Schwert in der Hand, siegreich in die Schlacht eingegriffen. Der Glaube wird zur geschichtsmächtigen Kraft. Für unsere Ohren klingt der Beiname Maurentöter freilich wenig vereinbar mit einem Zeugen des Evangeliums. Man wird zugeben müssen: die Friedensbotschaft des Evangeliums hat sich nur ungenügend in die Welt des frühen Mittelalters eingewurzelt. Wie Walter Dirks betonte, war »der nicht überwundene germanische Schwertglaube« stärker. So wurde oft Macht nicht in Dienst verwandelt, das Schwert nur um des Dienstes willen gebraucht, allzu leicht vollzog sich eine andere Umwandlung, die der religiösen Rechtfertigung, der Heiligung des Schwertes.

Andererseits können wir nie von der konkreten geschichtlichen Situation abstrahieren. Der Bedrohung durch einen Feind, Gefahr und Bedrängnis fordern heraus, werden zu einer Aufgabe der Gemeinsamkeit vieler. Glaube erweist seine Kraft in den konkreten Bedrängnissen und in der Lösung einer Aufgabe. Der Heilige wird ein Zeichen der Zusammenfassung aller Kräfte, des Zusammenschlusses für ein gemeinsames Ziel, der Zuversicht auf den Sieg.

Längst mag den Christen klargeworden sein, daß unsere konkreten geschichtlichen Aufgaben nicht mehr in der Besiegung von menschlichen Feinden bestehen. Und doch bräuchte es großer Symbole, sammelnder Gestalten, die uns aus der Gleichgültigkeit und Beliebigkeit herausrissen. Der Aufgaben gäbe es genügend: der Kampf gegen den Hunger und das Elend in der Welt, der geduldige, nüchterne und doch von der Leidenschaftlichkeit des Herzens, der Erkenntnis der Notwendigkeit geführte Kampf für den Frieden, für die Abrüstung. Es bräuchte eines Aufbruchs, der viele erfaßt. Vielleicht ließe sich der alte Jakobsweg als Anstoß für einen neuen Weg der Völker Europas erfahren. Vielleicht könnten sie neu zur Aufgabe Europas stehen, der Welt nicht so sehr eine materielle Zivilisation weiterzugeben, sondern die geistigen Werte, die die Würde und Freiheit des Menschen und seine Hoffnung für die Zukunft ausmachen. Dann würde die Welt nicht als Absatzmarkt und Rohstoffquelle und als Raum der Unterhaltung für den Reisetouristen betrachtet, sondern als Ort, an dem wir dem Anruf der Not und der Sehnsucht nach der uns anvertrauten Botschaft begegnen. Nur ein großes, in einer Gestalt sichtbar werdendes Ziel kann uns lösen aus unserer Gleichgültigkeit, aus der Selbstzufriedenheit des Genießens, aus dem Egoismus, der nur den eigenen Lebensstandard absichern will, könnte uns freimachen für einen hochgemuten Einsatz, der auch Anstrengung und Verzicht nicht scheut, aber unserem Dasein neuen Sinn verleiht. *O. L.*

Mauerreste der Burg von Clavijo.

*Tausende von Kilometern sind wir unterwegs, gelöst von der gewohnten Sicherheit. Bewegt durch die vielen Eindrücke auf unserem Pilgerweg, gewinne ich innerlichen Zugang zu dieser Pieta. Die Dimension des Leidens, der Liebe und der Hoffnung berühren auch mich.*

Seitenkapelle der Kathedrale von Santo Domingo de la Calzada.

*Das Wunder von Santo Domingo. Die Legende berichtet, was einer deutschen Pilgerfamilie geschehen ist: Ein junger Pilger, der mit seinen Eltern auf dem Weg nach Santiago war, wurde hier ungerechterweise des Diebstahls bezichtigt und auf der Stelle gehenkt. Als die Eltern nach vier Wochen auf dem Rückweg ein letztes Mal bei ihrem Sohn beten wollten, lebte er noch und bat darum, daß der Richter ihn abknöpfe. Dieser war gerade bei Tisch, wollte sich nicht noch einmal mit den Leuten einlassen und versicherte, daß ein Gehenkter nach einem Monat ebensowenig lebendig sein könne wie die gebratenen Hühner auf seinem Teller – woraufhin sich das Geflügel mit Federn bedeckte und davonflog. Seit dieser wundertätigen Errettung des Jünglings hält man in der Kathedrale einen weißen Hahn und eine Henne in einem Käfig. (Bild oben).*

Santo Domingo de la Calzada, der hl. Domingo »von der Straße«, war Einsiedlermönch zugleich aber auch ein begabter Architekt. Ihm sind 30 km gepflasterter Weg zu verdanken.
Aus seiner Einsiedelei machte er ein Hospiz, um das die heutige Stadt erbaut wurde.

*Wir sind wie viele Pilger mit dem Auto unterwegs. Manchen wird es ergehen wie uns: Die Fahrt muß unterbrochen werden – eine Schafherde hat »Vorfahrt«. Immer wieder wird einem Gelegenheit geboten, sich in Geduld zu üben. Welch gute Einrichtung auf einer Pilgerreise!*

Rechts: Vor Burgos das Kloster San Pedro de Cardeña. Hier waren ursprünglich der Held Rodrigo Diaz, El Cid, und seine Frau beigesetzt. Später wurden ihre Gebeine nach Burgos überführt.

Die berühmte Kathedrale von Burgos, eines der eindrucksvollsten Bauwerke auf dem Pilgerweg. Die Pläne brachte Bischof Mauricio aus Deutschland mit, die dann von einheimischen Baumeistern verwirklicht wurden. Unter anderem haben Felipe Bigarny aus Burgund, Gil de Siloé aus Flandern und Hans von Köln aus dem Rheinland sowie deren Kinder und Enkel bis ins 16. Jahrhundert den Bau vollendet.

Reiterstandbild des Rodrigo Diaz de Vivar (1026–1099) in Burgos. Die Mauren nannten ihn El Cid. Der Held im Kampf gegen die Mauren gilt als Vorbild spanischer Tugenden und Tapferkeit.

Über 900 Meter hoch liegt Burgos und kalt ist sein Klima. Es ist eine durch und durch gotische Stadt. 882 ist sie von Alfonso III. gegründet. 1050 wird nördlich der Stadt Rodrigo Diaz de Vivar geboren, der Cid, der Herr. Er diente als Feldherr, dessen Beliebtheit nicht abnahm, als er von Alfonso VI. verbannt, zu den Mauren überging. Aber die Prägung der Stadt erfolgt durch Ferdinand III., den Heiligen. Und seitdem hat sich spanische Geschichte hier abgespielt. Hier wurde Christoph Columbus nach seiner 2. Amerikareise empfangen, hier lebte eine Zeit lang Kaiser Karl V., ehe er sich in die klösterliche Einsamkeit zurückzog. Spanische Geschichte in ihren Höhepunkten und ihren tragischen Abstürzen ist hier am Wege gegenwärtig. Wie kaum eine andere Geschichte ist sie bei aller Dunkelheit politischer Intrige und harter Machtbesessenheit doch geprägt von einem Anruf aus dem Ewigen, von einer Sehnsucht nach Unendlichkeit. *O. L.*

Burgos bei Nacht. Die Brücke Santa Maria über den Fluß Arlanzón mit dem Marientor.

Brunnen an der Plaza Santa Maria vor der Kathedrale in Burgos.

Holzrelief am Kirchenportal des Hospital del Rey
bei Burgos. Auf dem rechten Türflügel ist
ein unbekleideter Sühnepilger und eine Pilger-
familie dargestellt. Deutlich erkennbar
sind die muschelbesetzten Hüte; sie sind das
sichtbare Zeichen für den Jakobspilger.

*Kreuzgänge sind für das Wohl der Seele gebaut. Klarheit und Harmonie strahlen hier auf.*

Das Zisterzienserkloster Las Huelgas Reales bei Burgos. Der Kreuzgang, San Fernando, aus dem 13. Jahrhundert zeugt von der liebevollen Pflege der Nonnen heute. Das Kloster war Begräbnisstätte der kastilischen Herrscher. Der Äbtissin oblag die Verwaltung und Gerichtsbarkeit von mehr als 50 Städten und Dörfern.

*Das Mysterium des Lichts erleuchtet immer wieder den Weg, gibt Führung und Geleit dem suchenden Pilger.*

Kreuzigungsgruppe in dem als Pantheon dienenden Kirchenschiff des Klosters Las Huelgas.

Romanischer Kreuzgang aus dem 11. Jahrhundert in der Benediktiner-Abtei Santo Domingo de Silos.

Silos, das Kloster am Rande des sonnenheißen Weges. Von außen ist es unansehnlich. Aber innen tut sich eine reiche Welt auf.
Das ist der Sinn des Klosters: in der verwirrenden Vielfalt der Welt einen Raum der Geschlossenheit schaffen, in der Einheit durch die Konzentration auf den einen Herrn der Welt möglich ist; inmitten des Lärms der Welt einen Ort der Stille schaffen, in dem Hören möglich wird auf den inneren Zuspruch der ewigen Liebe; inmitten der vielen Wege der Unruhe und des Vorüberziehens eine Stätte des Bleibens schaffen, weil wir den Einen haben, bei dem wir bleiben dürfen. So kann das Kloster den Pilgernden Raststätte sein. Weil die Mönche am Ort bleiben, ermöglichen sie den anderen Stärkung für die Wanderung.
Beides ergänzt sich in der Geschichte der Frömmigkeit und Jüngerschaft:

aufbrechen, unterwegs sein, nirgendwo zuhause sein, für Christus in die Fremde gehen, wie es die Wandermönche tun, – und ausharren an einem Ort, in einer Gemeinschaft, dem einmal gewählten Aufgabenfeld nicht entfliehen, beständig in der frei gewählten Bindung bleiben, wie es die Benediktiner auch hier in Silos tun. Freilich, solche Stätten der Stabilität dienen nicht nur dem Voranschreiten auf dem inneren Weg, zugleich werden sie auch Zentren, die ausstrahlen in die Welt. Der Heilige des Klosters, Abt Domingo († 1073), ist ein Beispiel dafür. Der stille Mann war ein großer Wohltäter der gequälten Menschen, schon zu Lebzeiten für heilig gehalten wegen seiner Mildtätigkeit und Menschenfreundlichkeit. Im Vorraum der Kirche hängen Ketten und Ringe, die die Gefangenen der Mauren getragen hatten, von denen sie wohl auch durch diesen Abt losgekauft wurden.

Der Reichtum der inneren Welt tritt im Kreuzgang des Klosters vor Augen. Säulen und Kapitelle zeigen Arbeiten aus dem 11. und 12. Jahrhundert. So wie sich auf dem Relief am Nordwestpfeiler (Bild rechts) die Jünger in fast tänzelndem Schritt um den Auferstandenen reihen, erfaßt werden von der Begegnung mit dem Lebendigen, an dessen Seitenwunde Thomas seinen Finger legt und so auch uns die Quelle des Heiles zeigt, so dürfen wir uns in diesem Raum der Geborgenheit um den Einen versammeln.

Im anderen Relief an diesem Pfeiler, in der Emmausszene, schreitet Christus den beiden Jüngern voran und trägt die Jakobsmuschel auf seiner Tasche. Er ist also das Urbild aller Santiagopilger – auf dem Weg ins ewige Bleiben. *O. L.*

Die Säulenkapitelle im Kloster Santo Domingo de Silos. Die besonders phantasievollen Ornamente zeigen maurischen Einfluß.

Das Dorf Santo Domingo de Silos. Ein paar Schritte vom Kloster entfernt eine friedliche Dorfszene.

Alter Friedhof am Pilgerweg bei Castrillo.

Der Friedhof am Pilgerweg. Zahllose Pilger haben das Ziel, das Heiligtum, nicht erreicht, erlagen auf dem Weg, wurden von Krankheiten hinweggerafft oder von Räubern erschlagen. Viele sind auf dem Heimweg umgekommen. Tragisches Ende oder wünschbares Sterben: als Pilger auf dem Weg das letzte Ziel erreichen, die Heimkehr in das ewige Zuhause?
Auf den Tod schreiten wir ja von Anfang unseres Lebens zu.

> Klein ist, mein Kind, dein erster Schritt,
> Klein wird dein letzter sein.
> Den ersten gehen Vater und Mutter mit,
> Den letzten gehst du allein.

So heißt es in einem Gedicht von Albrecht Goes. Die Schritte des Menschen werden immer selbständiger und einsamer. Pilgerschaft übt den letzten Schritt ein. Alles Selbständigwerden zielt auf die Schritte, die jeder selbst tun muß, die ihm kein anderer abnehmen kann. Und doch pilgern wir in der Gemeinschaft der Vielen und sind darum auch gewiß nicht für immer allein. So heißt es in der dritten Strophe dieses Gedichts:

> Geh kühnen Schritt, tu tapfren Tritt,
> Groß ist die Welt und dein.
> Wir werden, mein Kind, nach dem letzten Schritt
> Wieder beisammen sein.

Schritte auf dem Pilgerweg sind Schritte in der Gemeinschaft von Lebenden und Toten. *O. L.*

Engländer von heute auf dem Jakobsweg (Bild oben). Was erfährt der Mensch, wenn er sich auf einen solchen Weg einläßt – ohne sich, wie wohl diese jungen Leute hier, mit allzuviel geschichtlichem Ballast zu beladen? Vielleicht würde zuviel geschichtliches Wissen verhindern, daß sie eigene Erfahrungen machen. Eigene Erfahrungen auf diesem Weg könnten sein: vier Menschen merken, daß sie aufeinander angewiesen sind, daß sie Zeit finden, wieder miteinander zu sprechen, daß sie es miteinander aushalten können, daß sie gemeinsame Müdigkeit, gemeinsame Schwierigkeiten erfahren, aber auch gemeinsame Entdeckungen machen, daß es gut ist, auf ein gemeinsames Ziel hinzusteuern. Vielleicht stellt sich auch die Erfahrung ein, daß sie dem Sinn des Lebens näher kommen. *O. L.*

Links: Die restaurierte Kirche San Martin in Frómista. Dieses Kleinod romanischer Baukunst ist das einzige, was noch an das ehemalige bedeutende Benediktinerkloster erinnert.

Das Licht, der Blick fällt allein auf den Gekreuzigten. Von vielen Richtungen her haben sich Menschen auf den Weg gemacht, auf vielen Wegen suchen sie Gott. Auf dem Jakobsweg muß es irgendwann einmal den Menschen treffen, daß unser aller Weg zu Gott der eine Weg Jesu Christi ist, daß sein so enger geschichtlicher Weg, der Weg der Bedrängnis und Kreuzigung der Weg ist, der alle Wege zu Gott ermöglicht: »Ich bin der Weg, die Wahrheit und das Leben« (Joh. 14, 6). In Jesus offenbart sich die unendliche Weite der Liebe Gottes, aber diese Liebe geht den harten Weg des Kreuzes. Die Botschaft des Evangeliums wird der Weg schlechthin. Per ducatum evangelii . . . durch die Führung des Evangeliums wollen wir die Wege des Herrn gehen, schreibt Benedikt im Vorwort seiner Regel. Diesen einen Weg versuchen auf verschiedene Weise alle Frömmigkeitsrichtungen und Lebensgestaltungen der Christenheit. *O. L.*

Altar in der Kirche Santiago in Carrión de los Condes aus dem 12. Jahrhundert.

INRI

Das Santuario de la Peregrina in Sahagún gehörte zu einem ehemaligen Franziskanerkloster.

Der mächtige viereckige Turm der Backsteinkirche San Tirso in Sahagún ist ein hervorragendes Beispiel für den romanischen Mudéjarstil.
Sahagún war eine wichtige Pilgerstation und eine reiche Stadt im Mittelalter. Sie hatte das königliche Privileg, einmal im Jahr einen Jahrmarkt abzuhalten.

Die frühgotische Kathedrale, die um 1205 begonnen wurde, ist im Zentrum, am höchsten Punkt der Altstadt von León.
Die Gotik, könnte man sagen, ist der Stil der Pilgerschaft, die kein Verweilen kennt. Nicht die Ruhe und das Ebenmaß der Romanik, nicht die Fülle des Barock, in der der Himmel im irdischen Abbild gegenwärtig scheint. Sie strebt empor, ragt auf, verliert sich in den großen Glasfenstern in die Unendlichkeit. Zu allen Tagzeiten strömt das Licht anders ein, gibt dem Raum, dem Graustein neue Färbung, ruft immer wieder eine andere Stimmung hervor. Die großen Glasfenster führen an die Schwelle von Dunkel und Licht, von Zeit und Ewigkeit, von endlicher Gestalt und Zerfließen ins Unendliche.
In dieser Gotik erfährt der Pilger sein Wesen: Aufbruch und Höherstreben, Ahnung der Unendlichkeit und doch Gefaßtsein in endliche Gestalt, in Stufe um Stufe. *O. L.*

Die wertvollen Glasfenster in der Kathedrale Santa Maria de Regla in Léon. Die Fenster entstanden vom 13. bis ins 20. Jahrhundert.

*Das Hotel San Marcos in León ist das schönste Hotel, das ich kenne. Besonders nach der staubigen und langen Strecke von Burgos hierher kommt mir diese ehemalige Benediktiner-Abtei wie eine Oase vor.*

Oben: Santiagoschwert an der Hauptfassade des Hotels San Marcos. Der Name »León« geht auf das Wort »Legion« zurück; auf jene römische Legion, die hier im Jahre 70 ihr Lager aufgeschlagen hat.

Links: Kreuzgang aus dem 16. Jahrhundert des ehemaligen Hospitals und Klosters San Marcos in León. Das Kloster wurde zu einem Nobelhotel umgebaut.

Cruz de Ferro, Foncebadón am Manzanal-Paß.

Der Weg über den Paß, der Weg ins Bierzo, der Weg nach Galicien, der Weg zum Ziel.
Auf dem Hügel das hochaufragende Eisenkreuz. Stein auf Stein ist der Hügel gewachsen, jeder Pilger warf einen Stein dazu. So ist der Hügel Zeichen der Ungezählten, die hier vorüberzogen, Zeichen vieler Beschwernisse und Nöte, Zeichen vielleicht mancher Last und Schuld, die ein Pilger auf den Weg von sich werfen durfte, Zeichen einer Befreiung von Überflüssigem, die den letzten Rest des Weges ermöglichte.
Zeichen, daß die schon geschehene Erlösung am Kreuz auch auf die von uns bejahten Leiden wartet, um in unserer Geschichte wirksam zu werden. *O. L.*

Links: Castrillo de los Polvazares, eines der schönsten Dörfer am alten Pilgerweg. Straßen und Häuser sind in ihrer Ursprünglichkeit erhalten geblieben.

An der Tür einer Bar in Rabanal del Camino hängt die Jakobsmuschel. Der Sohn der Familie hat sie von einer Pilgerfahrt nach Santiago de Compostela mitgebracht. Der Vorübergehende soll das Zeichen sehen.

Ein Kreuz am Wegrand soll an hier verstorbene Pilger erinnern. An den damals schwer zu überwindenden Paßstraßen fanden viele Pilger den Tod.

Molinaseca. In dieser Gegend hat sich über Jahrhunderte kaum etwas verändert. Die Wäsche wird noch am Fluß gewaschen . . .

. . . die Kühe werden auf den alten Wegen nach Hause getrieben. Das Dorf Furelos.

Der Name Ponferrada weist auf die eisenbeschlagene Brücke der Römerzeit, auf den alten Weg in der Gebirgswildnis, zwischen Kastilien und Galicien. Etwa in der Mitte des 12. Jahrhunderts sind die Templer Herren der Stadt und Schützer der Pilger. Ihre Burg, längst Ruine, erhebt sich mit zinnengekrönten Türmen noch mächtig über der Stadt. Die Mauern aus Bruchstein, die Zinnen aus Haustein deuten noch die verschiedenen Räume an, Zwinger und Burghof, Wachturm und Wehrgang, Verliese, Festsäle, Kapelle.
Der Templerorden zeigt wohl das tragischste Gesicht christlicher Gemeinschaften: hochgemute und weitgesteckte Ziele, aber auch den allzu unbedenklichen Einsatz von Macht und wirtschaftlichem Einfluß. So sehr der Schutz der Pilger angestrebt wurde, das Ziel der Pilgerschaft selber ging verloren. *O. L.*

Links: Templerburg in Ponferrada aus dem 12./13. Jahrhundert.

Rechts: Torbogen und Treppe in der alten Templerburg.

Hospital de la Condesa, ein altes Pilgerhospiz nach dem Cebreiro-Paß.

*Die Provinz Galicien. Mittelalter und Gegenwart, Traum und Wirklichkeit fließen ineinander im Land der Fjorde, der Eukalyptuswälder, des Regens. Die Zeit steht auch hier nicht still, aber sie läuft langsamer, als würde sie uns vorbereiten, dem Ziel still zu begegnen.*

Rechts: In Lebureiro, eine alte Frau mit Holzschuhen. An den Schuhen sind Holzstifte angebracht, damit sie »trockenen Fußes« durch die schlammigen Wege nach Hause kommt.

Kathedrale von Santiago de Compostela am Plaza de Obradoiro. Hinter der Hauptfassade verbirgt sich eine alte Kirche aus dem 12. Jahrhundert.

# *Am Ziel des Weges*

Am Ziel des Weges: das Heiligtum des Jakobus liegt vor den Augen. Die Großartigkeit des Westwerkes des Obradoiro mit seinen enormen Türmen, die barocke Umhüllung der wunderbaren gotischen Innenwelt der Kathedrale gibt die triumphale Einstimmung, bevor wir in das Geheimnis eintreten. Was sind die Ursprünge der herrlichen Gottesstadt?
Bei Ausgrabungen unter der Kathedrale fand man 1946 eine Menge Grabstätten, die auf Nekropolen der Römerzeit hinweisen. Aber berühmt wird die Stadt durch die Auffindung des Apostelgrabes (812). Die Legende läßt einen Eremiten Pelagius eines Nachts einen hellen Lichtschein und Engelchöre über einem Eichendickicht bemerken. Er ruft den Bischof von Iria Vlavia herbei, der eine Schneise zur Stelle der nächtlichen Erscheinungen schlagen läßt. Dem Bischof wird es zur Gewißheit, daß in dem Marmormausoleum, das man unter üppiger Vegetation fand, und in zwei weiteren Grüften die Ruhestätte des Apostels Jakobus und die zweier seiner Schüler lag. Die sollen nach der Hinrichtung des Jakobus seinen Leichnam in einem Nachen durch das Mittelmeer bis nach Galicien gebracht und dort die apostolische Botschaft verkündet haben. Papst Leo III. hat die Entdeckung der Reliquien der Christenheit mitgeteilt. Die Krönung Kaiser Karls des Großen in Rom und die Auffindung des Jakobusgrabes läßt das christliche Mittelalter beginnen.
Der asturische König Alfonso II. erbaut über dem Grab eine erste Kirche. Der Kult beginnt sich zu entwickeln. 977 aber kommt der Heerführer des galicischen Córdoba, dem wohl eine so große christliche Pilgerstätte gefährlich zu werden schien, und macht die Kathedrale dem Erdboden gleich wie die ganze Stadt. Das Grab freilich läßt er unangetastet, Glocken und Türflügel nimmt er mit sich. Als man mit der Wiedererrichtung der Kathedrale beginnt, droht die Gefahr von den Normannen, die alle Küsten Europas verheeren. Um 1128 dürfte der Schlußstein des Gotteshauses gesetzt worden sein.
Tagelang könnte man in dieser Kathedrale, in ihren Schiffen und Kapellen, in ihrem Kreuzgang umherwandern und an kein Ende kommen. Aber zunächst sollen wir vielleicht zum schönsten Kunstwerk eilen, dem Portico de la Gloria

Portico de la Gloria – das Tor zur Herrlichkeit. Der Apostel Jakobus in der Mitte, links die Propheten Jeremias, Daniel, Jesaias und Moses; rechts die Apostel Petrus, Paulus, Jakobus d. J. und Johannes.

des berühmten Meisters Mateo. Er liegt über der Krypta unter der alten Kathedrale, in der die Pilger die erste Nacht ihres Aufenthalts im Gebet verbrachten.
An diesem Portal hat Mateo 20 Jahre gearbeitet, auf den Schlußsteinen meißelte er die Vollendung ein: 1. April 1188. Die ganze Heilsgeschichte, der Himmel der Heiligen laden in bewegter Plastik den Pilger ein, ins Heiligtum einzutreten. Der Pilger geht auf den Stammbaum Christi, die Wurzel Jesse, am Mittelpfeiler des Hauptportals zu, um ihn zu berühren. Wir dürfen Anteil erhalten an dem einen wunderbaren Weg Gottes durch die Geschichte, durch den uns das Heil gekommen ist. Wir sind verbunden mit dem Ursprung der Geschichte und zugleich mit ihrem Ziel.
So stehen wir schließlich vor der romanischen Schnitzfigur des heiligen Jakobus, die in einer Hand den Pilgerstab, in der anderen eine Schriftrolle trägt. Am späten Nachmittag streift sie das Sonnenlicht. In der Barockzeit ist sie mit reichen Silberplatten umkleidet worden. Jakobus ist ganz in Glanz gehüllt. Und doch spüren wir: seine Kraft kommt aus dem Ursprung apostolischer Armut und Zeugnisgabe. Die Pilger dürfen sich ihm noch intensiver nähern. Auf einem kleinen Treppchen kann man hinter dem Altar zur mächtigen Jakobsfigur hinaufklettern, ihre Schultern umfassen, die Silberplatten küssen.
Wir sind am Ursprung und dürfen leibhaftig unsere Freude, unsere Verehrung, unsere Einheit mit diesem Ursprung ausdrücken.
Warum erweist sich gerade im Apostel Jakobus, mehr als in anderen Aposteln, dieser Ursprung so mächtig? Wie alle Geheimnisse Gottes entzieht sich das unserer Erklärung. Aber vielleicht ist es gerade die Menschlichkeit, der Ehrgeiz, das Temperament, von dem die Evangelien bei Jakobus und seinem Bruder Johannes, den Donnersöhnen, berichten. Sie wollen auf den samaritischen Ort, der Jesus nicht aufnimmt, Feuer herabrufen. Sie wollen die besten Plätze neben Jesus in seinem Reich haben, sie erklären ihre Bereitschaft, seinen Kelch zu trinken, sie werden mitgenommen auf den Berg der Verklärung und in die Stunde der Anfechtung am Ölberg. Das Ausgreifen nach Höherem, die Leidenschaft nach dem Ganzen wird bei Jakobus von aller irdischen Begrenztheit immer mehr hineinverwandelt in den Weg Jesu zum Vater und in seine Weite. So erleidet er als erster der Apostel unter König Herodes Agrippa den Märtyrertod.
Im Sieg des Martyriums sahen die frühen Christen den Sieg des Glaubens schlechthin. Der Mensch baut ganz auf die Kraft Gottes, alles andere, selbst das irdische Leben, können preisgegeben werden. Darum predigt Papst Calixtus II., durch Jakobus sei der Erzfeind endgültig besiegt, sei Gott verherrlicht und

Am Mittelpfeiler des Portico de la Gloria die Wurzel Jesse. Nach altem Brauch legen auch heute noch die Pilger die Finger der rechten Hand in fünf tiefe Löcher an der Säule. Man erzählt, daß diese Löcher von der Hand Christi stammen, als dieser die Kirche aus ihrer Richtung drehte (der Chor der Kirche ist nicht genau nach Osten, sondern etwas mehr nördlich gerichtet).

die christliche Welt erleuchtet worden. Und im Codex Calixtinus ist das lateinische Lied »dum pater familias« überliefert, in dem Gottvater die Länder auf die Apostel verteilt und Jakobus Spanien erleuchten läßt:

Primus ex apostolis
martir Jerosolimis
Jacobus egregio
sacer est martirio

Der erste aus den Aposteln, der Märtyrer ist in Jerusalem, Jakobus, heilig ist er durch sein herausragendes Martyrium.

Eingeschoben in dieses lateinische Lied ist der Rest eines althochdeutsch-provenzalischen Textes, den auch wir nicht oft genug wiederholen können:

Herru Sanctiagu
grot Sanctiagu
e ultreia e suseisa
Deus aia nos.

Herr Sanct Jakob
großer Sanct Jakob
jetzt und immerdar
Gott helfe uns!

*O. L.*

Ausschnitt aus der Prophetengruppe.

Statue des Apostels Jakobus am Hochaltar der Kathedrale. Unter dem Hochaltar die Krypta mit den Gebeinen des Apostels und seiner Jünger Athanasius und Theodosius.

Die Pilger dürfen sich ihm noch intensiver nähern. Auf einem kleinen Treppchen kann man hinter dem Altar zur mächtigen Jakobsfigur hinaufklettern, ihre Schultern umfassen, die Silberplatten küssen.

Nordportal der Kathedrale. Bettlerin mit ihren Hunden in der Kirche. Kein Mensch stört sich an dieser Szene.

Die in Weihrauch gehüllte Kirche San Martin Pinario.

Santiago de Compostela bei Nacht.

Rechts: Der heilige Rochus an der Kirche San Roque in Santiago. Der Heilige wird hier in einer für ihn typischen Darstellung gezeigt: mit Pilgerhut und Pilgerstab, der Rock ist zurückgeschlagen, die rechte Hand deutet auf die Pestwunde. Links der Engel, rechts ein Hund, der ein Stück Brot im Maul hält.

REDIFICOSE
A EXPENSAS D
LA COFRADIA
AÑO D 1781

In Padrón ist nach der Legende das Schiff des Apostels Jakobus gelandet. Den Leichnam des Heiligen legten die getreuen Jünger auf diesen Stein. Da die Touristen nicht aufhörten, sich immer wieder ein Stück des Steines abzubrechen, legte man den Stein kurzentschlossen in das Wasser des Rio Ullas und baute eine kleine Kirche darüber.

Padrón, der Beginn des Jakobskults in Spanien. Den weiten Wegen der Pilger durch Europa hin nach Compostela ist ein anderer Weg vorausgegangen: der Weg der Gebeine des hl. Jakobus von Jerusalem bis an die Küste des Atlantik.
Mag dieser Weg auch sehr im Dunkel liegen, er macht doch das eine deutlich: bevor wir uns auf den Weg machen, sind schon viele andere Wege beschritten: die Wege vielfältiger Überlieferung, auf denen Botschaften und Ziele, Wegerfahrungen und Gehweisen in unser Land und in unsere Zeit gekommen sind. Bevor sich der Mensch zu Gott auf den Weg macht, ist längst schon Gott den Weg zum Menschen gegangen.

Den Weg Gottes tragen seine Zeugen, die Apostel, weiter in die Welt: »Geht hinaus in die ganze Welt« (Mk 16, 15), »Geht zu allen Völkern und macht alle Menschen zu meinen Jüngern« (Mt 28, 19). Wie in Petrus und Paulus Rom, wie in Thomas Indien, so wird in Jakobus Spanien von der apostolischen Predigt erreicht. Dafür ist das Apostelgrab das Unterpfand. Jakobus dürfte wohl zunächst in Jerusalem begraben worden sein. Vermutungen gehen dahin, daß im 6. oder 7. Jahrhundert die Gebeine auf die Halbinsel Sinai kamen, zum Kloster Raithiu und dann zum berühmten Katharinenkloster. Als im 7. Jahrhundert auch dieses unter den Angriffen der Mohammedaner zu leiden hatte, könnte das Menaskloster in der Mariotiwüste bei Alexandria Zufluchtstätte geworden sein. Dieser bedeutendste Gnadenort des christlichen Ägypten hatte vielfache Beziehungen zum Abendland, viele abendländische Pilger machten hier auch Station. Vielleicht mußte das Menaskloster bereits um seinen Bestand fürchten. Von Ägypten aus war die Seeroute nach Spanien gut bekannt, auf dem Weg nach Irland, wo sich auch koptische Klostergründungen fanden, kam man an der Westküste Spaniens und Galiciens vorbei. Vera und Hellmut Hell weisen darauf hin, daß die Darstellung des Jakobus zu Pferde im Zusammenhang mit den koptischen Reiterheiligen stehen könne, ebenso findet sich das Muschelsymbol in frühen koptischen Kirchen sehr häufig. *O. L.*

Catoria, »las torres de Oeste« am Fluß Ulla.

Ein Blick noch hin zur Grenze, zu Finisterre, zur Grenze der antiken Welt, wo der Atlantik an die letzten Felsbastionen der Erde anstürmt. Namenloser Schauder habe die römischen Legionäre ergriffen, als sie die Felsen erstiegen und auf die Unendlichkeit des Ozeans blickten. Alle Pilgerfahrten auf Meereswegen zogen über solch bedrohliche Abgründe. Stehen wir hier vor der furchtbaren Alternative zum Heiligtum als Ziel aller Wege: Untergehen, Verschlungenwerden im unendlichen Chaos? Endet alles im Nichts, ist das letzte menschliche Erfahrung: dem Nichts ins Auge zu blicken?
Rainer Kunze notiert in einem seiner neuen Gedichte:

> das nichts blickt nicht
> wir sind nichterblickte
> und nicht angeblickte, blicken wir nicht
> einander an.

Für den Santiagopilger ist der Abstecher nach Finisterre nicht mehr gefährlich. Er hat sich ja ganz Gott anvertraut, er weiß sich ein für allemal und in allem angeblickt.
Die Grenzerfahrung freilich bleibt, die Grunderfahrung etwa der Theresia von Avila: solo Dios basta, Gott allein genügt. *O. L.*

Rias Bajas. Blick nach Finisterre vom Mirador del Curota.

# *Der Heimweg*

Das Ende der Pilgerfahrt? Was kommt nach dem Glück, das Ziel erreicht zu haben? Die Anspannung auf das Ziel hin hat sich gelöst. Bleiben nun Müdigkeit und Leere und ein großes Unbehagen beim Gedanken an die Heimkehr, an die Wege des Alltags, die nun wieder beginnen werden wie eh und je? Oder ist wie für den Pilger des Mittelalters der Heimweg eine nicht minder große und abenteuerliche Aufgabe wie der Hinweg, ist es ein nicht minder großes Ziel, nun Heimat, Familie, Alltag neu zu finden?
Der Sinn einer Pilgerfahrt wäre auf jeden Fall verfehlt, würde nicht der Heimweg als wichtige Aufgabe gesehen.
Solche Aufgabe könnte sich etwa aus den drei folgenden Fragen ergeben:

1. Was bewahre ich im Herzen?
Die Pilger des Mittelalters trugen als kostbares Andenken das in Silber gefaßte Jakobszeichen mit nach Hause. Wallfahrer aller Zeiten haben das Bild des Heiligtums, zu dem sie gezogen sind, in ihrem Heim. Was bleibt in unserer Seele von der Pilgerfahrt als unverlierbares Bild? Größe, Weite und Herrlichkeit einer Kathedrale, in die ein kleines Einzelleben eingetreten ist? Die Gewißheit, daß mir der Heilige, das Heilige begegnet sind, daß ich mich angeblickt weiß und geborgen? Der unzerstörbare Sinn meines Lebens ist mir aufgeleuchtet und kann nicht mehr vergessen werden, ein großer Rahmen für alles, was geschieht, eine innerste Mitte, in der ich heil bin.

2. Was bringe ich den anderen mit?
Nach glücklicher Heimkehr genoß einst der Jakobspilger unter seinen Glaubensgenossen ein ähnliches Ansehen wie etwa der Mekkapilger in arabischen Ländern. Vom heiligen Ort brachte er etwas mit, ein Andenken, eine Gabe.
So sehr die Pilgerreise ein Aufbruch aus dem Gewohnten, ein Zurücklassen der Umgebung war, so wenig konnte sie doch ein Weg allein für sich sein, der nicht das bisherige Leben, seine Bindungen, seine Umgebung mitgetragen hätte.
Auch in diese Beziehungen muß etwas vom Glanz des Heiligtums einstrahlen.
Und wie die bisherige Umgebung die Abwesenheit des Pilgers oft schmerzlich spüren mußte, so kann sie auch erwarten, daß er ihr etwas mitbringt an neuer Erfahrung und neuer Weltsicht, an einer Zuversicht, die auch ihr gilt.
Dies mag heute schwieriger sein denn je in unserer Welt der Überinformation. Erfahrung kann ja nicht weitergegeben werden durch äußere Souvenirs und Erinnerungsfotos, nicht durch ruhmseliges Erzählen der Abenteuer oder allzu begei-

stertes Aufreden neuer Erkenntnisse. Und doch wäre es Verrat an der Pilgerfahrt, würde er das Erfahrene einfach verschweigen, so tun, als ob nichts geschehen wäre. Darum ist die Aufgabe des Heimwegs, sich neu hineinzuversetzen in Not und Sehnsucht der Zurückgebliebenen, um Antwort zu finden aus der Wegerfahrung gerade auf ihre Frage.

3. Was ist anders als bisher?
Die Aufgabe des Heimkehrers heißt, daß das Leben zuhause und seine Aufgaben ganz angenommen werden, daß die Kleinigkeiten und Mühseligkeiten des Alltags neu bejaht werden. Das Äußere bleibt zumeist ganz dasselbe, aber das innere Ja kann ganz anders werden. Denn alle Kleinigkeiten sind nun nicht mehr isolierte Zufälligkeiten, sondern werden gesehen als Stücke und Stufen des einen großen Wegs: alle kleinen Schritte leben aus der Kraft, aus der Unverzagtheit und der Siegesgewißheit des Glaubens, daß mein ganzes Leben ein Weg zu Gott ist.

Von einer großen Pilgerreise möchte ich heimkehren, wie es sich mir von Jugend an aus Ernst Wiecherts »Der Kinderkreuzzug« von Jürgen, dem Anführer der ausgezogenen Kinder, eingeprägt hat: er blieb – auch wieder in dem Schatten der Stadt – »erhobenen Hauptes und eines Lichtes voll, das nicht mehr verglühen konnte«.
Das Jakobszeichen möge mich von nun an begleiten. Die Muschel als Pilgerzeichen, als Zeichen dafür, daß ich immer auf dem Weg bin; die Muschel, in die das Rauschen des unendlichen Meeres eingefangen ist, das Zeichen des Ewigen. Die Muschel birgt die kostbare Perle: in mein irdisches Dasein ist Unendlichkeit eingeborgen, Unendlichkeit der Sehnsucht, die mich immer wieder aufbrechen und suchen läßt, Unendlichkeit der Gewißheit, daß all meine Wege ein Ziel haben. *O. L.*

*Bin ich durch diese Reise ein anderer geworden? Hat sich ein sichtbares Wunder vollzogen, eine spürbare, übernatürliche Veränderung der Seele? Nein! – aber ich glaube, daß ich durch diese Reise einen neuen Weg entdeckt habe und erkennen kann, daß das Leben bereits ein Wunder ist. Es ist das Erkennen, daß der Weg zum Wesentlichen, also zu Gott, erfüllender ist, als nach den Schätzen zu streben, die vom Wesentlichen ablenken.*
*Meine Erfahrung: es war ein Weg der kleinen Veränderungen, der kleinen Schritte, der kleinen Erleuchtungen, die allesamt bestätigen, daß es tiefen Grund für die große Sehnsucht gibt.*

Muschelbänke in den Rias Bajas.

*Literaturnachweis*


Helmut Domke, »Spaniens Norden«, München 1985

Vera und Hellmut Hell, »Die große Wallfahrt«, Tübingen 1985

Knaurs Kulturführer in Farbe Spanien, München 1981

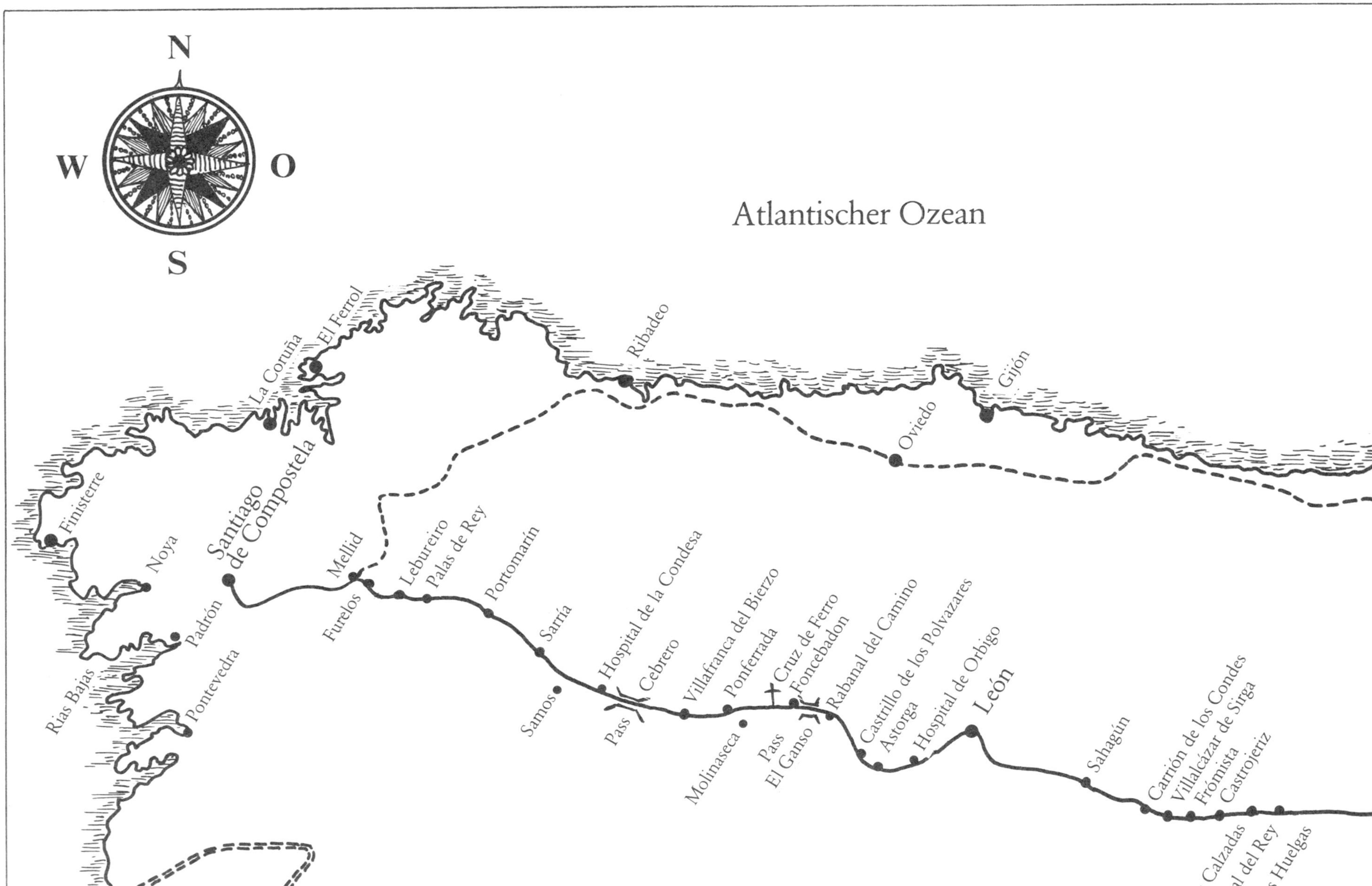


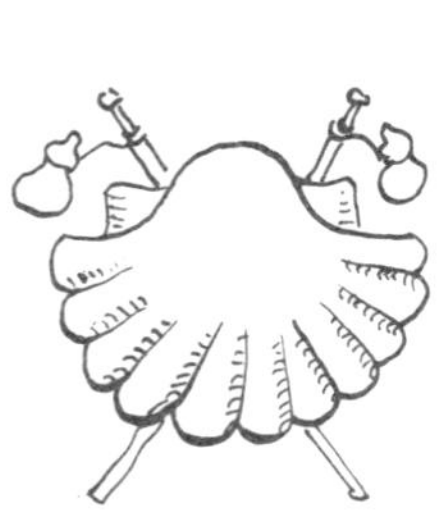

Symbol des Jakobspilgers
Muschel mit Pilgerstäben

Kreuz des Jakobsritterordens